Libreta para Estudios y Sermones

Dr. Natanael Valenzuela y

_____

Copyright © 2014 Dr. Natanael Valenzuela

Este libro ha sido desarrollado por :

All rights reserved.

ISBN: 0982244258
ISBN-13: 9780982244258

DEDICACION

A los que toman la Biblia y el estudio de la palabra en serio!

Tabla de contenido

Introducción 7
    Definiciones sobre los gráficos 8
    Grafico completo 10
    Sermones y Estudios No: _____ 12
    Sermones y Estudios No: _____ 14
    Sermones y Estudios No: _____ 16
    Sermones y Estudios No: _____ 18
    Sermones y Estudios No: _____ 20
    Sermones y Estudios No: _____ 22
    Sermones y Estudios No: _____ 24
    Sermones y Estudios No: _____ 26
    Sermones y Estudios No: _____ 28
    Sermones y Estudios No: _____ 30
    Sermones y Estudios No: _____ 32
    Sermones y Estudios No: _____ 34
    Sermones y Estudios No: _____ 36
    Sermones y Estudios No: _____ 38
    Sermones y Estudios No: _____ 40
    Sermones y Estudios No: _____ 42
    Sermones y Estudios No: _____ 44
    Sermones y Estudios No: _____ 46
    Sermones y Estudios No: _____ 48
    Sermones y Estudios No: _____ 50
    Sermones y Estudios No: _____ 52
    Sermones y Estudios No: _____ 54
    Sermones y Estudios No: _____ 56
    Sermones y Estudios No: _____ 58
    Sermones y Estudios No: _____ 60

CONCLUSION 62
    BIBLIOGRAFÍA 68
    Acerca del Autor 70

Introducción

El por que de Este Libro

Después de ver que yo tenia tantos cuadernos y siempre comenzaba uno Nuevo con cada mensaje pude notar que no existe una libreta como esta. En ella queremos que aprendas a conocer lo que escuchas. Que puedas volver a tus notas y que puedas utilizar lo que aprendes para tu crecimiento Espiritual. Este libro es tuyo. Es donde guardas lo que Dios te da.

Dios te Bendiga.

Dr. Natanael Valenzuela

D. Natanael Valenzuela

Definiciones sobre los gráficos

Fecha	Julio 23, 2014
Expositor	Aquí vas a escribir el nombre de las personas que ensenan, disertan o predican
Tema	Aquí escribes el tema o el propósito de lo que estas escuchando
Citas Bíblicas a Considerar	Todas las citas bíblicas que captes y a las que se refiera el presentador.
Verdad Central del Tema	Entre todo lo que dice la persona. Existe un propósito y una gran verdad que el o ella presenta. Si no la captas. Pregúntale al final
Afirmaciones sobre el tema	Toma nota de lo que aprendes. Escríbelo en orden. Como lo vallas recibiendo
Algún personaje central que	Si el mensaje menciona o trata sobre un personaje de la biblia, histórico o secular sobre el cual debas investigar un poco. Este es el lugar donde tomar

estudiar?	notas.
Decisiones personales para oración.	Que vas a hacer con este mensaje. Es una decisión que debes de tomar ahora o en oración. Estas decisiones deben ser tus motivos de oración. Esto es lo que cumple el propósito del mensaje.

Grafico completo

Fecha	Julio 23, 2014
Expositor	Dr. Natanael Valenzuela
Tema	El Propósito Real de la Iglesia
Citas Bíblicas a Considerar	MT. 28: 15-16
Verdad Central del Tema	Todos necesitamos evangelizar
Afirmaciones sobre el tema	1. Los discípulos evangelizaron 2. Los discípulos escucharon y atendieron el mandato de Jesús. 3. La evangelización es un asunto de nosotros. 4. Es nuestra responsabilidad hacer y ejecutar el evangelismo.

	5. Cuando trabajamos en equipo, El evangelismo se realiza con mas y mejores resultados.
Algún personaje central que estudiar?	Jesús y su plan de evangelismo
Decisiones personales para oración.	Debo iniciarme en un plan de evangelismo Dios cuenta conmigo para evangelizar Debo orar por mis familiares, amigos, compañeros de trabajo y por los descarriados de la congregación.

D. Natanael Valenzuela

Sermones y Estudios No: _____

Fecha	
Expositor	
Tema	
Citas Bíblicas a Considerar	
Verdad Central del Tema	
Afirmaciones sobre el tema	

Algún personaje central que estudiar?	
Decisiones personales para oración.	

Sermones y Estudios No: _____

Fecha	
Expositor	
Tema	
Citas Bíblicas a Considerar	
Verdad Central del Tema	
Afirmaciones sobre el tema	

Algún personaje central que estudiar?	
Decisiones personales para oración.	

D. Natanael Valenzuela

Sermones y Estudios No: _____

Fecha	
Expositor	
Tema	
Citas Bíblicas a Considerar	
Verdad Central del Tema	
Afirmaciones sobre el tema	

Algún personaje central que estudiar?	
Decisiones personales para oración.	

Sermones y Estudios No: _____

Fecha	
Expositor	
Tema	
Citas Bíblicas a Considerar	
Verdad Central del Tema	
Afirmaciones sobre el tema	

Algún personaje central que estudiar?	
Decisiones personales para oración.	

D. Natanael Valenzuela

Sermones y Estudios No: _____

Fecha	
Expositor	
Tema	
Citas Bíblicas a Considerar	
Verdad Central del Tema	
Afirmaciones sobre el tema	

Algún personaje central que estudiar?	
Decisiones personales para oración.	

D. Natanael Valenzuela

Sermones y Estudios No: _____

Fecha	
Expositor	
Tema	
Citas Bíblicas a Considerar	
Verdad Central del Tema	
Afirmaciones sobre el tema	

Algún personaje central que estudiar?	
Decisiones personales para oración.	

Sermones y Estudios No: _____

Fecha	
Expositor	
Tema	
Citas Bíblicas a Considerar	
Verdad Central del Tema	
Afirmaciones sobre el tema	

Algún personaje central que estudiar?	
Decisiones personales para oración.	

Sermones y Estudios No: _____

Fecha	
Expositor	
Tema	
Citas Bíblicas a Considerar	
Verdad Central del Tema	
Afirmaciones sobre el tema	

Algún personaje central que estudiar?	
Decisiones personales para oración.	

Sermones y Estudios No: _____

Fecha	
Expositor	
Tema	
Citas Bíblicas a Considerar	
Verdad Central del Tema	
Afirmaciones sobre el tema	

¿Algún personaje central que estudiar?	
Decisiones personales para oración.	

D. Natanael Valenzuela

Sermones y Estudios No: _____

Fecha	
Expositor	
Tema	
Citas Bíblicas a Considerar	
Verdad Central del Tema	
Afirmaciones sobre el tema	

Algún personaje central que estudiar?	
Decisiones personales para oración.	

Sermones y Estudios No: _____

Fecha	
Expositor	
Tema	
Citas Bíblicas a Considerar	
Verdad Central del Tema	
Afirmaciones sobre el tema	

Algún personaje central que estudiar?	
Decisiones personales para oración.	

Sermones y Estudios No: _____

Fecha	
Expositor	
Tema	
Citas Bíblicas a Considerar	
Verdad Central del Tema	
Afirmaciones sobre el tema	

Algún personaje central que estudiar?	
Decisiones personales para oración.	

Sermones y Estudios No: _____

Fecha	
Expositor	
Tema	
Citas Bíblicas a Considerar	
Verdad Central del Tema	
Afirmaciones sobre el tema	

Algún personaje central que estudiar?	
Decisiones personales para oración.	

Sermones y Estudios No: _____

Fecha	
Expositor	
Tema	
Citas Bíblicas a Considerar	
Verdad Central del Tema	
Afirmaciones sobre el tema	

Algún personaje central que estudiar?	
Decisiones personales para oración.	

Sermones y Estudios No: _____

Fecha	
Expositor	
Tema	
Citas Bíblicas a Considerar	
Verdad Central del Tema	
Afirmaciones sobre el tema	

Algún personaje central que estudiar?	
Decisiones personales para oración.	

D. Natanael Valenzuela

Sermones y Estudios No: _____

Fecha	
Expositor	
Tema	
Citas Bíblicas a Considerar	
Verdad Central del Tema	
Afirmaciones sobre el tema	

Algún personaje central que estudiar?	
Decisiones personales para oración.	

Sermones y Estudios No: _____

Fecha	
Expositor	
Tema	
Citas Bíblicas a Considerar	
Verdad Central del Tema	
Afirmaciones sobre el tema	

Algún personaje central que estudiar?	
Decisiones personales para oración.	

Sermones y Estudios No: _____

Fecha	
Expositor	
Tema	
Citas Bíblicas a Considerar	
Verdad Central del Tema	
Afirmaciones sobre el tema	

¿Algún personaje central que estudiar?	
Decisiones personales para oración.	

Sermones y Estudios No: _____

Fecha	
Expositor	
Tema	
Citas Bíblicas a Considerar	
Verdad Central del Tema	
Afirmaciones sobre el tema	

Algún personaje central que estudiar?	
Decisiones personales para oración.	

Sermones y Estudios No: _____

Fecha	
Expositor	
Tema	
Citas Bíblicas a Considerar	
Verdad Central del Tema	
Afirmaciones sobre el tema	

¿Algún personaje central que estudiar?	
Decisiones personales para oración.	

Sermones y Estudios
No: _____

Fecha	
Expositor	
Tema	
Citas Bíblicas a Considerar	
Verdad Central del Tema	
Afirmaciones sobre el tema	

Algún personaje central que estudiar?	
Decisiones personales para oración.	

D. Natanael Valenzuela

Sermones y Estudios No: _____

Fecha	
Expositor	
Tema	
Citas Bíblicas a Considerar	
Verdad Central del Tema	
Afirmaciones sobre el tema	

Algún personaje central que estudiar?	
Decisiones personales para oración.	

Sermones y Estudios No: _____

Fecha	
Expositor	
Tema	
Citas Bíblicas a Considerar	
Verdad Central del Tema	
Afirmaciones sobre el tema	

Algún personaje central que estudiar?	
Decisiones personales para oración.	

Sermones y Estudios No: _____

Fecha	
Expositor	
Tema	
Citas Bíblicas a Considerar	
Verdad Central del Tema	
Afirmaciones sobre el tema	

Algún personaje central que estudiar?	
Decisiones personales para oración.	

Sermones y Estudios No: _____

Fecha	
Expositor	
Tema	
Citas Bíblicas a Considerar	
Verdad Central del Tema	
Afirmaciones sobre el tema	

Algún personaje central que estudiar?	
Decisiones personales para oración.	

CONCLUSION

Esta es mi conclusión sobre los temas que he escuchado hasta ahora. Estos temas me hacen reflexionar. Quiero estudiar mas y mis conclusiones son las siguientes:

D. Natanael Valenzuela

D. Natanael Valenzuela

BIBLIOGRAFÍA

Fecha	Expositor	Tema

Acerca del Autor

Dr. Natanael Valenzuela (1968-)

Investigador educativo y profesor universitario con 28 años de experiencia.

Graduado de:

- Universidad Autónoma de Santo Domingo (dos veces)
- Universidad de la Tercera Edad
- Universidad Nacional Pedro Henríquez Ureña
- Universidad Católica de Santo Domingo
- College of New Rochelle
- Mass. Col of Liberal Arts. (Academia para Lideres Educativos y Certificado en Estudios Avanzados en Educación)
- Christian University

Conferencista internacional en el área de Educación, Matrimonios, Creación y desarrollo de Negocios y Enseñanza de Idiomas

Participante para reformas educativas en el estado de NY

Orador principal en eventos para la enseñanza de Idiomas en

conferencias nacionales e internacionales.

Escritor de artículos educativos relacionados a:

- Educación
- Relación de padres y escuelas
- Pensamiento Crítico
- Formación de Entidades Educativas
- Educación para Padres
- Entrenamiento para maestros.
- Desarrollo de materiales educativos

Escritor de varios libros en el área educativa, personal, matrimonios y formación religiosa.

Fundador y presidente de www.nuevoidioma.com, Cámara Cristiana de Comercio y Servicios 9 www.tcccs.org , y The Christian Center for Family Research

www.ingramcontent.com/pod-product-compliance
Lightning Source LLC
Chambersburg PA
CBHW031421040426
42444CB00005B/667